봄날 아침부터
가을 오후까지

심지시선 008

봄날 아침부터
가을 오후까지

2009년 11월 10일 초판 1쇄 발행

지은이 김석교
펴낸이 윤영진
편 집 함순례
디자인 한천규 이경훈
펴낸곳 도서출판 심지
등록 제 253호
주소 300-812 대전광역시 동구 삼성동 125-2 4층
전화 042 635 9942
팩스 042 635 9941
전자우편 simji42@hanmail.net

ISBN 978-89-91109-73-5 03810

심지시선 008

봄날 아침부터 가을 오후까지

김석교 시집

심지

ⓒ김영학

□ 시인의 말

어떤 장면이 머릿속에 오래 남는 경우가 있다. 나에게는 사바나초원에서 비를 맞으며 우두커니 선 코뿔소의 모습이 새겨져 있다. 그와 내가 늦가을 찬비 맞으며 서 있는 모습을 상상하곤 한다.

지나간 십 년, 창밖의 풍경이 수없이 바뀌는데도 나는 늘 한 자리에 머물렀다. 그러나 마음은 아침부터 저녁까지, 봄부터 가을까지, 끝없이 걷고 걸었다. 그 길에서 만나던 야생의 코뿔소. 말하자면, 그는 나의 바깥세상 친구였다.

방목했던 짐승들을 불러 모으는 테우리처럼, 흩어진 글들을 다울려 겨울채비를 한다. 오랜만에 시집을 엮기로 맘먹자 좀 잘 보이고 싶은 욕심도 있었지만, 덧없다. 이제 다른 시간을 향해 발길을 돌린다. 무엇을 만날 것인가.

2009년 늦가을

김석교

차례

2부 한 삽

3부 마음의 소리를 듣는 법

5부 북촌리여 북촌리여

1부
반가운 독감

어머니

누에고치처럼 나를 감싸 안고
배고픔 속에서도
한껏 그리움을 부풀렸다

한 점 씨앗이
생명이 되고 사람이 되기까지
오직 사랑의 힘으로
한 우주를 창조했다

내가 어느 암흑별에 부딪혀
빛이 꺼져가는 동안에도
껍질뿐인 몸을 태워
다시 촛불을 켜 주시는

살아서나 죽어서나
감히 쳐다보지 못할
사랑의 정점
오, 나의 생명의 집

반가운 독감

타고난 강골은 아니지만
가을이면 한 번씩 통과하던 독감이
요 몇 해 찾아오지 않는다
가끔씩 새벽녘에 으슬거리는 녀석
그러나 빠져 나가는 요령도
어느덧 몸에 뱄지

몸이 편해지자 딴 생각이 난다
밥시에 밥 생각
술시에 술 생각은
나나 남이나 당연한 것이지만
시간을 헤아려보는 횟수가 늘면서

낭만이 뭔지 예술이 뭔지
사랑이 뭔지 인생이 뭔지
예전엔 꼴도 안 보이던 생각들이
줄줄이 꼬리를 문다

갈 길 잃고 헤맨 지 석삼년에
이제 다른 길도 보이려나 보다
너무 튼튼해서 무식했던
내 생각이 드디어
독감에 걸리려나 보다

바다로 가는 기차

1

안덕계곡 대평리에는
영영 멈추지 않을 듯
거친 바다를 달리는
푸른 지층의 절벽기차

가을볕 서러운 날이면
기차를 타러 간다
울리지 않는 경적소리
하늘엔 풀씨를 물고 떠나는
철새들의 장울음만 가득

지축을 울리면서 기차는
먼 해원을 향하여
시간 속으로 떠난다

마라도 간이역을 스쳐
태평양을 가로지를 때

손깃발을 흔드는 푸른 산호초
다음 역은 카리브해, 중남미
혁명의 나라

2

눈앞에 펼쳐진 모든 것이 눈부시게 비어 있다 비어 있음으로 가득 차 있다 태양의 붉은 혀와 바다의 푸른 입술, 그 영겁의 키스는 사랑과 죽음의 수평선 끝에서 길고 긴 영혼의 교접에 들어간다

태양과 바다가 빚어낸 검은 진주의 나라는 게바라를 낳았고, 그는 사방팔방에서 몰아치는 제국주의의 바람 속에서 민중을 낳았다 평등과 사랑, 자유와 혁명을 부르짖는 수많은 눈망울들이 오늘도 한밤중까지 잠들지 못한다

푸른 절벽기차는 어느덧 북대서양을 건너고 인도양을 총알처럼 지나간다 전조등을 켜고 수심 일만 미터 아래의 어둠 속에 당도한 남극해, 절대고독의 종착역, 나는 그곳에서 비로소 완벽히 외롭다

변비 시詩

저녁을 푸지게 먹고
책상 앞에 앉았으나
아무 생각도 떠오르지 않는다

배가 부르면 왜 시가 안 되는지
곰곰 생각해 본다
(…뭔가 막힌 게 틀림없어)

수챗구멍 막히듯 내 몸에도
막힌 구멍이 있는 걸까
정수리에서 막창 끝까지
큰 대못이 하나 박힌 것 같다

나를 관통하고 있는 대못을 파내려고
외줄을 타고 내려가기 시작했다
오, 이 썩은 생체 집하장…
항문까지 내려가지 못하는 나의 부조리

눈 귀 입 닫고 살다 보니
구린내 나는 썩은 똥만 잔뜩
변비에 걸려 빠져나오지 못하는구나

온 정신을 마비시킨 똥의 지층 끝에서
오래전부터 시가 비명을 지르고 있었다
똥 너미에 묻혀 똥 같은 글이나
설사처럼 갈기다 뒈져버려,
퉤!

불면 시詩

별짓 다해도 잠 못 드는 시간
차라리 밤길 거니는 것은
먹자마자 잠들어 버리는 것보다
백 배는 더 행복하다

사람들이 하나씩 나타나며 말을 붙인다
안녕하신가요, 어떻게 지내시는지,
그들 위해 기도 한 번 해본 적 없는데
생각하는 것만도 인사 받을 일이었나

이슬에 젖어 돌아오는 길
달빛 아래 깃 푸는 새들
물메 대숲길 뿌리째 사라지고
잠든 저수지엔 영혼의 두런거림만

땀에 젖는 새벽녘이면
걱정하는 집사람
넋 들이러 가자고 채근하지만

벌레처럼

잎사귀를 갉는 벌레를 보신 적 있겠지요
한 잎사귀 다 갉으면 다른 잎사귀로,
나도 한 마리 벌레를 부러워합니다
삶이 그렇게 본능을 따라 옮겨질 수만 있다면!
본능, 잃어버린 꿈, 가끔 엉덩뼈의 끝을 만져봅니다

사람들은 유행처럼
죽으면 화장한다 납골당에 간다 하지만
나는 산림법을 위반하더라도
날 낳아준 한라산 꼭두에 절반
제주바다에 절반을 바치고
그대 가슴에 온전히 살아 있고 싶습니다

누구에게도 말 못하는 죽음을 준비하며
당신에게 조금씩 털어놓으며
차츰 행복합니다
점점 따뜻해집니다

먼저 저생으로 간 아이들에게

1

바람 가득 씨앗 날려 들판에 퍼지는 저녁답
너희가 건너오기 전까지 저 들판 황무지였다

재잘거리며 달려오는 너희 미소로 맞았을 때
땅 밑에선 연둣빛 새순 힘차게 부르트기 시작했다
다리를 휘감아 오르는 청미래덩굴 고운 손가락들

그러나 아이들아, 끝없을 것 같은 사랑도
때가 되면 떠돌이별처럼 그림자 길게 끌고
하늘 궁륭 스치며 저물지 않더냐

너희가 언제라도 영혼의 화살 날리면
불타는 눈물로 일어서서 반가이 맞으리니

2

꽃잎 같은 영혼들을 뒤늦은 사랑으로 조문하네
울지 말거라, 저생은 너희가 마음 놓고 꽃 피는 세상

마음빗돌에 아로새긴 이름 지워지지 않는 한
이 흙탕물 가슴 흰 꽃 피워 메마르지 않으리

새벽이슬로 왔다 햇살 따라 떠난 아이들아
사랑하지 못한 아이들아
화성에서 인천에서, 가장 낮거나 높은 곳에서

이를 닦다가

하루에도 몇 번씩
이빨에 때가 낀다
남의 몸을 먹은 죄
그 식적食跡이 남아
나의 무기를 삭게 한다
그러니까 이 닦기는
남의 살을 열심히 뜯기 위해
나의 무기를 벼리는 일

내 혀와 이를 거쳐
입 밖으로 빠져나간 말들이
너의 귀에 들어가면
음악이 아니라
때가 되고 있진 않을까
깊이 들어간 헛소리를 파내기 위해
그래서 넌 귓구멍을 후비는 건 아닐까

황사바람 부는 날이면

허공을 뒤덮는 먼지보다
가슴의 사막에 묻어둔
녹슨 기억의 때가
푸실푸실 일어날까
나는 그게 더 불안한 것이다

개와 늑대의 시간

프랑스 말을 잘 배우지 않아서 발음은 잘 모르겠지만 '개와 늑대의 시간' 혹은 '신들의 황혼', 이런 말이 있다 하데요 트와일라잇twilight과 비슷한 의미의… 우리말로는 여명, 박명, 어스름, 땅거미, 저물녘, 새벽녘, 이런 정도라던데, 그건 내가 좋아하는 시간이지요

막 해가 떠오르기 전 기온이 제일 낮은 시간, 막 해가 넘어가서 보랏빛 잔영이 서쪽 하늘 가득 드리운 시간, 어둠이 몰려올 것인지 밝은 해가 떠오를 것인지, 이미 결정은 됐겠지만 다툼이 끝나고 막 하늘이 바뀌는 순간, 그 순간

그 순간에는 가끔 내 운명이 보이기도 하데요 그런데 나는 내 운명이 썩 시원치 않아 뵈도 그걸 바꾸기로 맘먹어 보진 못했어요 뒤돌아서면 바꿀 수 없다는 게 훤히 보이니까요 그래서 그냥 그대로를 좋아하기로 합니다 어둠과 밝음 사이, 천국과 지옥의 중간, 선과 악의 갈림길, 시와 비시의 경계, 너와 나의 미세한 틈새, 개와 늑대의 시간

만리장성

팔달령 만리장성 꼭대기
발 디딜 틈 없는 사람 사이에서
늙은 사내가 울고 있다

저 산맥 너머에
누가 있을까
오늘은 날던 새도 안 보인다

한 계단 한 계단
목숨으로 빚어진 성루를 밟고
아내 잃은 사내는
독한 이과두주를 병나발 분다

서러운 병사의 아내가 남긴
장성의 전설에
목 놓는 서러운 늙은이여
홀로 빛나는 은빛 머리칼에
천천히 내려앉는 죽음이여

해바라기의 노래

지난여름 내 목소리는 허공에 흩어졌고
나는 아무도 모르게 테라도시를 떠나왔다
하늘과 산과 구름만이 속삭이는 초원에 이르러
내 목소리는 그대의 귓가에 머물렀다

갈증으로 타버린 영혼의 검은 숲은
새들도 이미 떠나버린 죽음의 영토
가을비 내리면서 나무들 비로소 새 꿈을 피워
불타버린 희망 속에 쓸쓸히 자랐다

겨울바람이 불 때마다 음계를 밟으며
새들은 점찍듯 창공을 말없이 소요하고
다시 푸르기 위해 더욱 깊어지는 추운 숲에서
나는 새봄이 길어 올릴 희망을 미리 부른다

영육이 뒤엉키다 타버리는 정염의 불길은 꺼져
하얗게 언 땅을 헤집으며 뿌리의 말을 찾고 있다
향일성, 향일성, 그 최면 같은 연모의 수음에 빠져

나의 넋도

나의 노래도

어느덧 죽음 같은 잠 속으로 떨어졌다

여로旅路

수면에 봄 안개 피어오르기 전
연기처럼 철새들이 날아간다
바라보면 볼수록 새들은
비행운飛行雲보다 더 엷게 흩어진다

붉동백 힘없이 목 부러지는 밤
파도는 잠들지 못하고 하얗게 느껴 운다

새봄이 가까워지면서
산자락 아래로 낮게 떠 흐르는
철새들의 소리 없는 변주곡
드라이아이스처럼 밑으로만 깔리는 안개
그들의 지친 여행이 끝나고 있다

나도 어딘가에 내려앉아
푸근히 깃털을 고르고 싶다

2부
한 삽

한 삽

무덤 하나를
이장하는데
한 삽이면 된단다

재벌의 무덤도
몇 삽이면 된단다

조선 왕의 무덤도
하루 일당이면 된단다

포클레인 기사와 나는
막걸리 잔을 깨어져라 부딪쳤다

산 너머로 무심히
새 한 마리 날아갔다

꿈

고인이 된 그가 꿈길에 찾아왔다

— 사람들은 이상해
내가 죽은 걸 기뻐하는 것 같았어

— 기뻐하는 게 당연하지 않나
고통 없는 곳으로 갔으니 말야

— 고통이 없다고?
자넨 여기 와본 것처럼 말하는군

— 그곳이 지옥이라면 고통스럽겠지
자넨 지금 어디 있는 건가?

— 소위 천국이란 곳에 있네
그런데 여기서도 고통을 느낄 수 있어

— 뭐라고?

천국인데 뭐가 고통스러워!

— 고통 없는 고통이라면 이해할 수 있을까?
생전의 고통은 차라리 기쁨이었어
슬픔과 기쁨, 고통과 쾌락, 행복과 불행, 낮과 밤, 추위와 더위, 봄과 가을, 열대와 한대…, 이렇게 대구對句를 이루는 것들이 공존해야 살맛나는 거지. 그런데 여긴 지상에 있는 자네들이 좋아하는 것들만 있어서 오히려 사는 맛이 안 난단 말일세. 그러니 지금 자네가 발 딛고 선 곳이 천국이란 걸 알아야 해.

………

— 나 이만 가네
자네, 살기가 싫어질 땐 내 말을 기억해 주게

…발 딛고 선 곳이 천국이라고……?
…고통이 곧 기쁨이라고……?

스프링호텔 근처

북경 외곽 스프링호텔
나비 모양 가로등 조형이
불빛 아래 노랗다

자욱한 안개처럼
온종일 거리를 뒤덮는 먼지
오염된 먼지바람 속
소녀 같은 엄마가
젖을 드러내 아이에게 물리고 있다

한참을 걷다
길가의 그 엄마 생각나 돌아가 보니
노동자처럼 씩씩하게
스테인리스 창틀을 만들고 있다

가랑이 터진 내복의 아이가 쳐다보는
길 건너편 호화 아파트 입구에는
두 경비병의 눈길이 사냥개 같다

동대문쯤

2월, 아직 녹지 않은 눈 질퍽질퍽
사람들 발자국과 몸 섞고 있을 때
눈길에서는
아프리칸, 아프로아메리칸, 혹 동남아 사람들
술에 취했는지 눈길에 미끄러지고

내가 잔 방 밖으론
뚱뚱한 검은 여자들
60년대 그때처럼 헐벗은 채
머리에 터번 두르고

러시아 남자 겨드랑이에
달랑 매달린
술 취한 한국 여자도
실루엣처럼 멀어져 가는

잘 곳 못 찾아 밤새 전전하는
동대문 어디쯤

낫 놓고 기역자

팔십 평생
낫 놓고
기역자도
모르는

기역자로
허리 굽으신
할머니

오늘도
새벽바람
기역자 낫 들고
밭에 가셨다

무밭에서

시퍼런 거웃도 무성해라

바람 한 점 없는 맑은 겨울날

대지에 실팍지게 뿌리박고

꿈꾸듯 용쓰듯 살을 키우는

조선무, 발기한 자지들

농군農軍의 아내

뼈 빠지게 일해도 빚뿐
앞집 엄마는 집을 나갔다
어린 딸 셋, 흙밖에 모르는 남편

멀리 가지도 못하는 여자
딸들의 눈물에 못 이겨
동생 집에서 닷새 만에 돌아왔다

남편과 노래방에 갔다
난생 처음 정장을 하고
팔짱을 끼고, 맥주를 마시고

해녀의 죽음

우도牛島의 칠십대 해녀 할머니
어제 바다에서 생을 마감했다고
조간신문에 짤막히 한 줄

신문지가 갑자기 망망대해 같다

열 살 무렵 물에 들어
일생을 숨비질하던 바다
할머니, ㄱ자로 허리접은 채
바다를 껴안고 놓지 않는다

산다는 게 하루하루 저승이었으리
물에서 나고 물에서 숨 놓으니
거친 바다도 이제는 극락이라

태어나서 처음으로 편안해진 할머니
수경水鏡 낀 얼굴에는
물거품 같은 미소도 떠올랐으리

식은밥 형님

한밤중 우리 방 앞에서 한 발 길이나 되던 뱀을
거꾸로 붙잡아 팽이채처럼 휘두르다
패대기쳐 죽이던 충헌 형님
그 겁 없는 용기는 한필네 아버지 기계방앗간
웅푸쉬 웅푸쉬 어깻심으로 기계 돌리던
커다란 뚝심에서 나왔으리라
나이 오십 넘도록 장가 못 가고
동네 궂은 일 씩씩거리며 다 하면서도
더운 몸열에 식은 밥이 더 좋아라 물 말아 먹던
어린 것들 식은밥 식은밥 놀려대도
그저 귀엽다고 웃어주던 충헌 형님
소식도 모른 사이 돌아가시고
뱃일에 농삿일에 힘으로 하는 일이라면
모든 일 마다 않던 충헌 형님이
오늘따라 그리워
사는 일 부끄럽고 어려울 때면 못내 그리워

절름발이 비둘기

차에 치였나보다
한 쪽 발목 아래가 허전한 비둘기
목발도 휠체어도 없이
절름절름거리는

땅을 박차오를 때마다
성한 발에 온몸의 중력이 쏠리고
시간이 흐르면 그 발에도
무리가 오거나 더욱 강해지겠지

세차한 차에 똥 깔기던 녀석들을
미워하던 내가 미안해진다
놀림 받고 울던 옛 친구 생각난다

비둘기들 볼 때마다 발부터 살펴본다
다리 불편한 사람 보이면
친구 얼굴부터 찾아본다

떨어진 동박새

눈 내린 아침 추위를 못 이겨
길바닥에 떨어진 동박새 한 마리
몸 위로 무심히 차바퀴 굴러간다

동백꽃 드나들던 부리
붉은 피로 물들었다
굳게 다문 눈, 조막손 같은 발

어느 날엔 나도 저렇게
날개를 접어야 할 것이다
누군가는 내 이름을
밟고 지나기도 할 것이다

착하게 살아야겠다
눈 내려 비틀거리는 아침
그가 마지막으로 울었을
묵은 동백 우듬지를 올려다본다

알탕을 먹다가

지금쯤 늠름한 청년 물고기로 자라
바다 한복판 힘차게 헤엄쳐야 할 너희를
신제주 한복판 일식당에서 만났다

한 입에 수천 개씩 집어삼키다
어느 아이에게선가 까만 눈동자를 본 듯하다
입 속으로 들어오는 수천수만 개의 눈동자!

오염과 순수는 아주 가깝다, 입 속에서
너희는 새로운 세계를 꿈꾸었을지 몰라도
나는 이미 오염됐으므로
우리는 궁합이 아니었다

네 눈동자는 무엇을 말하려 했는지 모르지만
나는 너희를 미안함도 없이 먹었다
거듭 태어날 리 없는 알들을
주저 없이 허겁지겁 먹었다

휘파람

새로 지은 아파트 단지
숟가락 딸그락거리는 소리
어린아이들 깔깔대는 소리

오늘 밤바람은 동풍
바다 저편 구름이 밀려간다
막비행기 날아오른다

칠월에 때 이른 가을벌레 울음
해무海霧 걷어내며 별 하나
밤무대로 걸어나온다

낮에 풀을 벴는지
밭둑엔 아직 풀 비린내
솔숲 사이 먼 바다
천천히 가로질러 가는 선등船燈 하나

노란 가로등 아래

휘파람을 분다
자꾸 헛파람이 나온다

누린 만큼 비워가야 할 나이
발바닥이 뜨겁다

출입구

— 나는 한 권의 책을 책꽂이에서 뽑아 읽었다. 그리고 그 책을 꽂아 놓았다. 그러나 이미 나는 이전의 내가 아니었다 — 앙드레 지드

북경 어딜 가나
입구마다 문 대신 비닐커튼
어느 시장 입구에는
이마에 出・入・口
글씨가 대문짝만하다

저 커다란 상품더미 속으로
들어갔다 나오면
나는 이전의 내가 아닐까?

자본주의 입 속으로 얼굴 없이 들어가는 사람들
사회주의 입 속으로 얼굴 없이 나오는 사람들

얼굴에는 물음표도
느낌표도 없이
텅, 비어 있다

3부
마음의 소리를 듣는 법

마음의 소리를 듣는 법

그토록 내 마음이 알고 싶다면
동녘을 향해 눈 감고
네 마음을 열어봐
그럼 가벼운 서슬에도 놀라
새소리로 반짝거리는
내 모습 알게 될거야
뼈에 사무치는 그리움
애간장 끊기는 슬픔도
모두 나의 자취였음을

가끔은, 아주 가끔은 영영
눈 감고 싶은 아침이 있지
그때 청명히 귀 열고 들으면
저 잎새의 흔들림도
새털구름 하얀 하늘도
네 마음에 내 마음을
가만히 포개었던 흔적임을
이내 알게 될거야

구엄리 바다

— 유전은 우리의 선조가 전부 타고 있는 역마차이다. 이따금 그 중의 한 사람이 목을 내밀어 우리를 당혹케 한다 — O. W. 홈즈

내 두근거림의 유효기간은 아마
중생대 이후 켜켜이 쌓인 지층만큼일 거야
언제든 불러내 주기만 하면
일만 년쯤 타오를 준비가 된 것 마냥
내 심장의 붉은 쇳물
달궈진 채 손끝까지 흘러내리면
수평선의 사랑, 저녁놀의 별리도
순식간 불꽃 일어 사그리 태우고 말거야

내 심장은 나의 손에게 지시한다
구엄리 바다 시퍼런 정맥으로
그대를 친친 휘감아
한 오억 년 동안 사랑만 하라고

핏줄 속에서 누군가 날 부른다
나도 핏줄로 그대를 부른다

달빛 바다

달과 지구의
애틋한 그리움으로
파도는 인다
잠들지 못하고
이 밤 누군가
잠든 나를 깨운다

피 토하는 인광燐光으로
너의 그리움을 살해하며
온 대양이
일렁이는 것도
한 사내가 밤새
바닷가의 달빛에 젖는 것도

닿을 곳을 찾지 못하고
되돌아오는
그리움 때문이리

꽃노래

봄이 오면 윙윙윙
한 마리 벌로 날아
가장 먼저 핀 그대에게
떨리는 손으로 경배 드리고
석달 열흘씩 두 계절만
밀린 잠 자고 싶었네

하늘시계가 가리키는
봄날 아침부터
가을날 오후까지
집 나서
길 떠난 그대를
하루인 듯 기다려 볼까

발길 머무는 곳마다
여울물에 실어 보낸
사랑의 말은
어디로 흘러갔는지

세상은 날로 아득해지고

길 잃고 우는 그대
낯선 땅
어디쯤 서 있을까
봄이 오면 팔랑팔랑
한 마리 나비 되어
가장 늦게 핀 그대를 찾아
달팽이집 나서 볼까
길 떠나 볼까

홀로 세상에서

해거름 그대의
마지막 편지 같은 햇살 속에
파죽지세로 밀려가는 억새꽃, 말갈기들

들쑥부쟁이 꽃망울 터뜨린 산길에
그대 아직도 잠들지 못하고 서성일 텐데

붉은 목장길
장끼 한 마리 날아가면
숲은 다시 적막하다

몸속에 여름을 담았던 나무들
스산한 바람에 소스라쳐 뚝,
뚝, 가을물 드는 오후
멀리 수평선 위엔 섬 하나

들판 가득 휘날리는 흰 빨래들처럼
나도 사정없이 나부끼며 그대 부를까

홀로 세상에 빛나는 이여
나도 모르게 와서
내 마음길 거닐다 가는 이여

햇봄

돋아 오르는 새순을 보았네
연초록 젖은 몽우리
솜털 잔잔히 이슬 맺히는
딸 하나 키웠으면 좋겠네
그 이름 담이
귓불을 핥는 바람처럼
명주바다에 어리는 달그림자처럼
딸 하나 있으면 좋겠네
언덕에 보름달 떠오르듯
초롱초롱
둥그런 딸 하나 있으면 좋겠네
아비 사랑 사내 사랑 품고
세상 싹 틔울
꽃봉오리 젖가슴 하나 키우고 싶네

첫눈 오는 날

첫눈 오는 날
길에서 여자가 울고 있었습니다
소원을 빌면 이루어진다는 날
길모퉁이에서 전화를 받으며
여자가 서럽게 울고 있었습니다

첫눈 오는 날
실연당한 여자의 어깨 위에
머리카락에
달라붙는 눈

오자마자 녹아버리는 첫눈이
그 여자의 몸에선 녹지 않고
희게 빛나고 있었습니다
내 마음에 내린 눈 녹지 않고
검게 쌓이고 있었습니다

파도

그가 달려오는 이유는
육지를 할퀴기 위해서가 아니다
해안선을 무너뜨리기 위해서가 아니다

그는 자신으로 자신을 몰아세우며
캄캄하게 새하얗게
달과 바람과 조류도 거부하고
인간을 향해 마냥 달려온다

그가 달려와 부서지는 이유는
영토를 허물기 위해
우리를 알 수 없는 해저로
끌고 가기 위해서가 아니다

그가 달려와 부서지는 이유는
와락
우리를 안고 싶은 것이다
온몸으로 사랑하고 싶은 것이다

푸르른 달빛

내 어느 날 쓸쓸히 수심에 잠겨
머리칼 밤이슬에 찰찰 헹굴 때
날새들 깃 풀어 잠들어 있었네
옷자락 펄럭이며 찬빛 뿌리며
서녘으로 걸어오는 도저한 그댈
차마 마주할 수가 없었네
이 밤 발 헛디뎌 천길만길
눈부시게 다가오는 새 세상이여
무한천공에 영혼들의 목소리
떼새 깃 말리는 새벽녘까지
푸른 얼굴의 그대가 따라오고 있었네

연애

샤워기 틀어 물 온도 맞추듯
나를 그대의 온도에 맞추고 싶다
찬물 한 방울에도 소스라치는 세포처럼
가을의 원형질이 눈 뜨는 저녁
북쪽으로부터 발갛게 숲이 물들다

활짝 핀 꽃을 보면 섹스를 하고 싶다

봄이면 그대에게 달려가 씨를 뿌리고 싶다
아지랑이에 흔들리는 나른한 오후
이 꽃에서 저 꽃으로 나풀나풀 날아가다
활짝 핀 꽃을 보면 길고 긴 섹스를 하고 싶다
바람 개인 꽃자궁 속에 석 달 열흘 잠들어
다만 평화로운 잉태를 꿈꾸며 날개를 말리고 싶다

활짝 핀 꽃을 보면 섹스가 그립다
숫연어 정액 뿌리듯 송홧가루 마을 덮을 때
사람 떠난 마을에선 오늘도 꽃이 핀다
저 무연한 생식의 꽃가루 뒤집어쓰고
온몸 부르르 떨며 그대에게 가고 싶다
봄이 가기 전 그대에게 씨를 뿌리고 싶다

남과 북을 넘나들며 열렬히 열렬히
봄이 오면 섹스를 하고 싶어진다
남남북녀 남녀북남의 교접꿈, 씨 뿌리는 꿈

내 안의 탄광

심야 총알택시
한없이 파고 들어가던
그 어둠 속으로
나를 내던져
매몰돼 버릴 걸
석탄인石炭人으로 녹아버릴 걸

수십만 년 후
가슴 새카맣게 탄 채
원유이거나 원탄이거나 그 무엇
다시 캐내 준다면
설익은 그대
단숨에 달궈버릴 텐데

4부
가을 편지

개나리

겨울 떨치고 폭죽처럼 터지고 마는
이 겁 없는 노란 계절 앞에
나는 날마다 예를 갖추고 지나간다

녹색의 비 내릴 때
노란 우산을 받쳐 든 그녀 앞에서
나는 얼굴을 붉게 숙이고 지나간다

꽃 피고 잎 돋던 시절 언제던가
치마 속 부풀리는 미친 봄바람 속에
내 몸은 점점 가벼워진다
하늘이 가까워진다

봄날

그대에게로 봄이 왔나요
그대가 봄으로 간 건 아닌가요
바다를 건너는 나비의
날개에 실려 봄이 오는 걸
그대는 잊지 않았는지요
홀로 봄을 맞고
홀로 봄을 보내고
아직도 어둠 속에
짐승처럼 웅크리고 있는 건 아닌지요

검은 옷을 벗으며

어디서 오는 것인가
신새벽 창문 흔들어
깊은 잠 깨우는 그대
아직은 어두워라
보이지 않는 세상 언저리
가락천 따라 오르면
소산오름 눈 녹는 골짜기
깨어나라, 한라의 이마 쓸어내리던
거친 손마디
그대 지금쯤 선작지왓 터벅터벅
홀로 걷고 있으리
진달래 꽃망울 스민
그립고 그리운 목소리
신새벽 창문 흔들어
내 얕은 잠 깨울 때
그래도 세상은 어두워라
어두워서 아직 사랑하리라

5월 어느 날

은행나무 잎새를 파랗게 건드리며
비를 감춘 바람 한 줄기 지나간다
한때 내게는 자유였고 고통이었던
바람, 지나가면서 묻는다
왜 사느냐고

왜 사는지 몰라 하릴없이
산에 오른다
진달래밭을 지나온 바람은
거기서도 나를 기다린 듯
다시 묻는다
왜 사느냐고

그래도 왜 사는지 알 수 없어
산을 내려와 바닷가로 간다
해무 덮여 보이지 않는 수평선을 향해
소리쳐 내가 나를 물어볼 때
바람은 사방팔방에서

사정없이 나를 때린다

한때 꿈이었던, 절망이었던 바람
더 이상 바람이 아니었다
어느새 나의 일부였다
영혼에 뿌리를 내리고
내가 나를 때리고 있었다

5월 어느 날 은행나무 잎새들은
내가 흔드는 대로
가슴속에서 푸르게 흔들리고 있다
나는 앞으로 더욱 흔들릴 것이다

안개의 복제

— 안개 뒤에 숨는 그대에게

그대 이미 아시다시피
안개 속에서는
누구나 안개가 된다
소리까지도 안개가 되는 걸
잠언을 즐기시는 그대
혹 아시는지
추억의 마임 한 도막만 아니었다면
눈썹에 방울져 내리는
부드럽고 싸늘한 안개의 정령이
정작 그의 눈물이었음을
나는 알지 못했으리라

젖살같이 새하얀
안개의 블랙홀로
오늘 쓸쓸히 걸어 들어가면
어느새 나는 안개가 되고
안개는 동의도 없이 나를 복제하고
세포 단위로 토해놓기 시작한다

안개 속에서는
순도 일백 퍼센트의 추억만
홀로 살아 남아
무연히 무연히
꽃을 피우고 있다

9월에

— 한여름을 보내며

폭격은 무서웠습니다
소이탄 퍼붓는 화염의 지옥에서도
우리는 기나긴 미로를 뚫었습니다
모래알처럼 부서져 바람에 날리는
매미의 잔해를 보았습니다
비 온 뒤 더욱 굳은 땅
하늘시계 아직도 한낮을 가리킬 때
힘이 다할 때까지 숙명적으로 기어가던
지렁이의 쓸쓸한 뱃길
그의 행로가 끝난 데드라인, 거기
검게 말라 비틀린 학살의 증거가 남아 있었습니다
부글부글 끓던 여름 저수지엔
실밥 같은 내장 드러낸 붕어 한 마리
햇살에 무심히 반응하며 잔여름을 떠돕니다
차별 없이 살해하던 태양의 제국은
위대하리만치 무섭지 않았습니까
이제 안도의 시대가 오고 있습니다
제 땅 위에만 그늘 덮어 피둥피둥 물오르던

초목의 시대가 마침내 멸망해 갑니다
목숨 걸었던 생존의 시대가 지나갑니다
우리는 희망의 실 놓지 않은 채
기나긴 미로를 뚫어 여기까지 왔습니다
폭격은 무서웠지만 사랑은
핵분열은 무서웠지만 목숨은
한여름보다 더 뜨거웠습니다

가을 편지

오늘 나무들은 그림자를 지구 위에 내려놓고
초원의 코뿔소처럼 말없이 서 있습니다
나무 주위를 바람이 한 바퀴 돌다 갑니다
한 쌍의 연인도 나무 밑에 말없이 서 있습니다
사랑은 말이 없어도 너무나 할 말이 많은 것이라고
낙엽 하나가 떨어지며 마지막으로 말했습니다
손톱자국처럼 깊숙이 하늘을 자국 냈던 비행운이
바다물결에 그림자를 버렸습니다
강 연변을 흐르는 기차를 타고 싶었습니다
자꾸만 긴 산맥을 넘고 싶었습니다
나무들은 내일도 그림자를 제 몸 속에 내려놓고
찬비 맞으며 코뿔소처럼 서 있을 겁니다

가을 시화전

밤이 이울자 회담벽의 붉은 담쟁이가 달을 쳐다본다
오늘은 푸른 치아를 드러내며 바람이 내게 말을 건다

대답 대신 풀벌레가 신발을 벗고
잔디밭에 엎드려 속삭이듯 흐느낀다

아직도 철들지 않은 여치 한 마리
연초록 속날개가 한복처럼 달빛에 눈부시다

아스팔트는 체온이 식어 은빛으로 빛나고
한낮의 정구공 소리가 들리는 듯한 교정

까르륵 웃음 짓는 여학생들의 살굿빛 잇몸
옥수수 같은 치열 끝에 젖은 바다가 걸린다

그 사람은 어디 있을까
철로도 없는데
불을 끈 기차가 시간 속을 달리고 있다

성산포 봄소식

이 봄을 참을 만하면 참지
그러나 검은 저 돌담과
홀로 취할 수 없는
바다의 시퍼런 속살은

개나리 유채 산철쭉
망울 터뜨린 뒤 한참
잊을 만하면 꽃잎 드날려
오후 한나절을 우수수
바다와 함께
잠드는 청보리밭

사람이여, 깨어나는 영혼과 팔짱 끼고
새벽녘 다시 바다로 나가는 사람이여
스치듯 스치듯 고단함도 없이
깊고 먼 바다를 나비 날아가다
뱃전에 앉으면

그대의 물결 조금에 이르러
다시 사리로 흘러가며
그 여린 날개에 실어
바다 건너 봄을 몰고 오는구나

노란, 붉은, 흐드러진
봄의 흐느낌 속에
홀로 떠나고 싶은 자 영원히 떠나는 곳
돌아오고 싶은 자 영영 다시 돌아오는 곳
성산포

성산포 행

한겨울 파도가 새끼청산* 마음 놓고 때려
우르릉 우르릉 청산青山* 삼킬 듯 울부짖을 때
바다에 쫓긴 사람들 잠 못 이루고
긴긴 밤 술추렴 꽃놀이로 하얗게 지새울 때
어느덧 하늬바람은 막차 끊긴 텅 빈 거리를
골목골목 짓쳐 내달리며 마을을 끌어안는 것이다

성산포는 바다가 술에 취해 드러눕는
나약한 곳 아니다 태평양을 건너온 파도
마지막으로 크게 울고 잠드는 곳이다
철근 휘어잡아 우그러뜨리는 곳이다
동중국해 주름잡으며 파도에 살고 죽던 친구들
바다 빼앗기고 지금은 무얼 하나

성산포는 팔뚝에 문신 새긴 격렬한 사내들
술도 됫술로 마시는 고장이다
순정 바쳐 사랑하는 바다에 나가
한 달씩 살다 문득 과자봉지 들고 귀가하는

사람들이 사는 곳이다

* 새끼청산 : 성산일출봉 뒤에 송곳니처럼 솟은 바위

* 청산青山 : 성산일출봉의 옛 이름

성산포 유채꽃

언제 씨 뿌려도 사시사철
그리우면 피어나리니
한겨울 아랑곳 말고 너희는 오라

터진목 모래밭 정월만 돌아오면
흥건하던 핏자국마다 실뿌리로 엉킨 채
어우러져 앞다투며 피어나
바람 한 점 없어도 흔들리는 우리를
관광객들 무심히 사진 찍고 가더라도
나 보고프면 상관 말고 아무 때나 오너라

와서 부르면 칼바람 추위 속에도
꽃대 피워 올리는 피 어린 절규를
아직도 샛노랗게 떨고 있는 그 속내를
다 잊기 전 낱낱이 보여주리라

다시 성산포 행

황량한 검은 바다가 부르고 있었네
포효하는 흰 파도 소리치고 있었네
언덕 위 자꾸만 쓰러지는 풀잎들이
바람결에 끝없이 손짓하는 겨울날

억겁세월에도 가라앉지 않을 청산이
구름에 가린 얼굴 드러내며
아들아 이제 그만 떠돌라,
어서 달려와 안기라,
나를 타이르고 있었네

바다의 정령 마을을 덮을 때
떠나온 고향을
그러나 아직은 돌아가고 싶지 않네
바다에 살다 바다에서 숨 놓은
친구들의 바람 섞인 목소리가
사방팔방에서 그만 돌아오라 외치고 있지만

소나무처럼

지겹지도 않을까 저 푸르름
어떤 이들 낙엽 떨구어
헐벗은 몸에 흰옷 두를 때에도,
앞 다투어 새 순 내밀며 시퍼렇게
성장盛裝해 갈 때에도,
한 가지 색밖에 모르는 저 뻿뻿함

지겹지도 않을까 저 순응이
비바람이 휘면 휘는 대로
철사줄이 얽으면 얽는 대로
꾸불꾸불 허리 한 번 못 펴고
하늘은 어디 있나 땅만 바라보면서도
알차게 솔방울 맺는 저 천생

5부
북촌리여 북촌리여

살림의 시간이 오면

아버님네 실낱희망 개머리판에 뭉개져
강파른 산줄기에 가랑잎처럼 소리 없이 묻힐 때
밤을 도와 날던 새들 떨어지는 제주 마을에서는
잠들지 못한 붉은 눈들 밤새도록 떨며 숨죽였다
솥처럼 끓던 밤, 불꽃비 별똥비 쏟아지고
칠팔 부 능선쯤에서는
별빛 내려와 쓰러진 사람들 눈 감겨줄 때

가시굴헝 빈 무덤에도 해가 돌아오고 있었다
넋 놔버린 이들의 날숨을 삼키며
넋 돌아온 이들에게 들숨을 넣으며
불화살 맞아 피비린내 나는 밤짐승 물리치고
넋 살라 넋 살라 요령 흔들며 마침내 해 돌아와
우리 새 세상 만날 살림의 시간이 오면
잊지 말라 우리들의 죽음을,
소리치는 사월

북촌리여 북촌리여

— 북촌리원혼위령비 제막식에서

군인 둘의 목숨이
농사짓고 고기 잡던 북촌마을 사백 마흔 셋의 목숨
호롱불 밝히던 삼백여 채의 따스한 보금자리
땀으로 일구어낸 수많은 가축과 재산들
수백 년을 이어온 한 마을을 초토화시키는 값이라니

경찰 둘의 목숨이
죽은 사람 산 사람 할 것 없이 빨갱이로 몰아
말 한 마디 못하게 입 틀어막은 채
자식들 손자들 증손자들까지 대를 물리며
연좌제의 사슬로 목 졸랐던 육십 년과 같은 값이라니

그때나 지금이나 대한민국 백성인 북촌 사람들
놉삐 묶이듯 끌려간 그 해
마을 이곳저곳에서 콩 볶는 기관총 소리
천지를 찢어발기던 그 소리
눈앞에서 부모자식 친척친구 동네사람들
썩은 무처럼 수십 명씩 피를 뿜고 나둥그러져도

공포에 접질려 누구도 울음소리 한 번 못 냈다
온종일 마을은 피비린내, 짐승들 울부짖는 소리
사람이 불타고 집이 불타고 세간이 불타면서
살육과 광란, 피의 잔치로 물들어 갔다

1948년 무자년
동짓달 열엿샛날 낸시빌레에서
동짓달 스무 여드렛날 북서모 벼랑 끝에서
섣달 열아흐렛날 학교 마당, 당팟, 너분숭이에서
섣달 스무날 함덕마을에서
주정공장에서, 육지 형무소에서, 경찰서 유치장에서
또 아직도 알지 못하는 어딘가에서
죽어간 북촌사람들이여

육십 년 만에 무자년 다시 돌아와
너분숭이 애기무덤 가에
제주4·3희생자북촌리원혼위령비를 세우고
생과 사의 갈림길에서 살아남은 후손들이
향을 살라 통곡의 술잔 올리나니

그 자신만 모를 것이다

토벌대의 총에 부모친척 처형당하고 조부 슬하에서 자랐어도 보수꼴통으로 성공한 모 씨가 말했다. 자신은 4·3 피해자 유족 신고를 일부러 하지 않았다고. 4·3은 국가 발전 과정에서 일어날 수 있었던 사건이기에 이제 들추어 본들 무슨 소용이냐고. 국가의 미래를 위해 그만 덮고 넘어가자고.

4·3은 국가 발전 과정에서 일어날 수 있었던 사건이라고 말한 그가 진상규명은 생략하고 해원상생이나 하자고 한다. 국가폭력은 덮어두고 화해하자고 한다. 이런 미친놈이 억울하게 죽임 당한 3만여 영혼들을 오늘도 다시 죽이고 있다. 살아남은 자의 가슴에 쾅쾅 대못질을 하고 있다.

함부로 총질하고 수류탄을 터뜨려 죽여야만 죽이는 것인가. 칼과 낫으로 베고 죽창 철창으로 찔러 죽여야만 죽이는 것인가. 생매장 생화장 생수장해 죽여야만 죽이는 것인가. 고문하고 불구 만들고 끔찍한 상처를 남겨 평생 고통 속에 살게 해야만 죽이는 것인가.

그는 연좌제에 걸려 출세하지 못할까봐 부모친척을 죽인 자들의 편에 선 거겠지. 독재 시대를 살아온 처세술이 몸에 배어 피해자 유족 신고도 생략하고 넘어간 거겠지. 어쩌면 부모님도 날 이해하실 거라고 스스로 위안하며 이날 이때껏 혼자 떵떵거리며 살아온 거겠지.

그러나 그는 모를 것이다. 학살당한 부모친척과 양민들을 그가 또 학살하고 있음을. 4 · 3원혼들이 저승에서까지 죽임 당하며 구천에서 울부짖고 있음을. 그 자신 토벌대보다 더 불쌍하고 더 나쁜 놈이 되어버렸음을 보수꼴통 그 자신만 모를 것이다.

돌무덤

이 커다랗고 무거운 조개껍질,
또 다시 갇힌 어둠이 싫다
이름 석 자의 헛무덤이 싫다
이승에서 뚫린 가슴 답답한 억장
구천에선들 풀리겠느냐
해원이라 화해라 들까불며
가슴 짓누르는 무거운 돌만 얹어놓고
햇빛 한 줌 없이 혼백마저 가둬버린
돌무덤이 답답하기만 하구나

소처럼 일하고 저녁이면 도란도란
폭낭 그늘 아래 모깃불 피우던 사람들
학살의 광풍에 스러져
들까마귀 밥 되어버린 이들에게
4·3평화공원 시멘트 돌덩이는
고인돌 같은 무덤일 뿐이구나
위패 봉안실 백 평 굴 속에 울리는
일만 사천 신위의 신음소리 들으면

아직 용서도 해원도 멀기만 하구나

해마다 4월이 오면 왜 비바람은 세찬지
이 평화공원에 까마귀는 왜
떠나지 않고 울고만 있는지

선흘곶 캄캄한 굴 속

선흘곶 목시물굴 캄캄한 죽음의 냄새
눈을 감아도 보인다 귀를 막아도 들린다
안개 속처럼 흐릿한 세월 시간도 이곳은 비껴간다

굴밖으로 끌려나온 사람들 무릎 꿇린 채 총살당하고
굴 속에 몸 숨겼던 사람들 수류탄 터져 목숨 끊기고
여자들과 아이들 북촌리 억수동까지 끌려가
따르르륵 기관총 맞아 몰살당하고
노인들 또 잡혀가 고문당하고

봄꽃들 앞 다투며 피는 이 4월에
죽음의 그림자 서성거리는 선흘곶에 오면
새들의 지저귐도 피 토하는 울부짖음이지
가지마다 움트는 생명의 붓순도 총알로 보이지

죽은 자들 말이 없고 죽인 자들만 미쳐 날뛰는
이 4월, 선흘곶에만 오면 목시물굴에만 오면
그 날의 생지옥이 나를 휘감아 나는 그만 미쳐 버리겠다

그때나 지금이나

용산 철거민 화재 참사
진상규명이 우선이라 한다
면책을 위해서

제주4 · 3 양민학살 참사
화해상생이 우선이라 한다
면책을 위해서

어떤 귀향

노루를 따라 거친 눈 밟으며 밤 깊은 중산간 마을로 내려오면, 정지문 안에는 그을린 어머니가 아직 돌아가시지도 않고 솔칵불 아래 졸며 날 기다리고 계셨다.

마을을 감싸고 바람막이로 서 있는 시누대가 북풍에 저려 몸 비빌 때, 돌각담 틈으로 성긴 눈발 창날처럼 쏘아질러도, 때 이른 저녁잠은 왜 그리 쏟아졌을까.

한밤에 다시 맞은 쉰두 번째의 사월 제일祭日. 허위허위 기어 함께 내려왔던 동무들의 핏빛 온기 아직도 느껴지는데, 폐촌에는 도륙하는 인귀人鬼들만 숨어 있다 쫓아오는구나.

도채빗불 같은 서슬 푸른 광기를 피해 어머니 손 한 번 쥐어보지 못하고 다시 산으로 줄달음질 놓는, 막살이 집 뒤란에는 파초잎에 굵은 빗방울만 달빛 아래 구르고 있었다.

술 한 잔 받지 못하고, 아직은 때가 이르다고, 사냥개의 코를 피해 힘없이 돌아서는 노루를 따라 치달려 올라가는 달도 없는 산길. 고향집의 먼 불빛은 그래도 따뜻했다.

다시 숲에 몸을 숨기다

저쪽 길로 가지 않고 이쪽 길로 들어와
개떼 따돌리며 지금껏 걸었다
마을이 가까워지자
이곳저곳에서 팡 팡 팡!
총소리 숲을 흔들고
날새 급브레이크 걸려 떨어지자마자
개떼가 달려간다

밭일하다 등으로 총알 받고
산행하다 옆구리에 산탄
새벽 불공길 이마에 공기총
이 무고한 죽임, 사냥의 재미가 계속되고 있다

개와 쥐들이 설쳐대는 평화와 인정의 섬
피냄새 가시지 않은 신들의 고향
멀리 고향이 보이기 시작했지만
다시 숲에 몸을 숨긴다

문상

민들레 씨앗 날리는 봄날
객지 떠돌다 죽어 풀밭 위에 누운 한 혼령에게
나는 잘 가시라고 세 번 절했다
누가 알았으랴 서북청년단원이었던 그 고인
서청단원에게 죽은 할머니의 손자가
오십 년 지나 얼굴도 모르는 그에게 명복 빌 줄을

성긴 눈발 날리는 겨울 초입
얼굴도 모르는 玄자 順자 女자 할망 제사에
나는 머리를 조아리고 생각 없이 술잔을 올린다

유세차, 무자 음 섣달 스무하루 성산포 터진목,
서라고 외쳐도 못 알아듣는 귀막시 우리 할망
등 뒤에서 바람 뒤에서 서청단원 총질할 줄 누가 알았으랴

성하르방 거친 바다 고기밥으로 내주고
홀로 삼남 일녀 키운 우리 할망

그 큰아들의 작은 손 장성하여
당신 쏘았을지도 모를 어느 서청단원에게
잘 가시라 절하며
향료값 올려놓고
민들레처럼 다시 피어나시라 축원할 때

제삿날 돌아와도 어머니나 친척들은
함부로 입 다물고 세상이 바뀌어도 말해주지 않았다
문상 가서도 그 서청단원 어떻게 살다갔는지
아무도 말해주는 사람 없었다
바람결에 민들레 풀씨가 옷 속에 달라붙어
살갗을 찌르며 정신 차리라고 할 뿐이었다

오등리 죽성마을 지나며

낮에는 밭농사에 마소 가꾸고
밤이면 남학당 옛터에서 졸음 참아가며
등잔불 심지 올리던 죽성마을 사람들
열심히 공부해서 큰사람 되라던
어르신들 말씀 새기며 떡반 나누듯
인정 나누던 오등동 죽성마을 사람들

오드싱오름에 봉홧불 오르자
이곳에도 광풍이 몰려오고
일본군 주둔하던 설새미에는 죽성부대 주둔하면서
큰가름, 새가름, 큰담밭, 선돌목에서
백십 명의 목숨들, 집과 가축들
모두 아작나버리고

그 난리통 대여섯 살이었던
정훈이 삼촌과 원훈이 삼촌
집안어른들 한꺼번에 여섯 불귀의 객으로 보내고
육십 년 지나 이제는 그들도 저승길 차비하는

제주시 오등동 죽성마을 지날 때면

한라산에서 흘러내린 물
달디 단 설새미 물로 솟아
한겨울에도 얼지 않는데
꿩 울음, 뻐꾸기 울음, 동박새 울음
봄이 와도 더 이상 들리지 않는다
다만 이곳이 사람 살았던 마을이었음을 알려주듯
죽성제재소 간판만 처량히 겨울비에 젖는다

태흥리 모자 쌍묘 앞에서

큰아들 열 살 정원이
총 맞고 흙구덩에 떨어져 목숨 끊기면서도
어머니 등에 매달린 두 살 막내 살리려고
"이 아이만 살려줍서"
"제발 하나만 살려줍서" 애원할 때
"의지해서 살 사람이나 있냐?" 토벌대 또다시
미친 총질로 정원이 숨통 끊어버리고
이미 숨소리 멈춘 둘째 창학이, 셋째 만강이,
어머니, 볼락볼락 숨 붙은 막내까지
다섯 모자 위로 흙 들이부어 덮어버렸지

그렇게 정원이네 죽어간 지 여섯 달
남원에서 정원이 외할아버지
중문까지 소달구지 끌고 먼 길 걸어와
흙구덩이 파내고 딸, 손자 유골 찾아내고
이미 다 썩어버린 시신들에 모기장 두른 채
숨죽이며 밤길 걸어온 곳, 남원읍 태흥3리

주인 없는 공유지에 돌담 두르고 묘를 만드니
어머니 묘 하나에 네 오누이 합장묘 하나
그렇게 다섯 가족의, 모자 쌍묘
이제는 과수원 옆에 덩그라니
사람들 그 사연 알지 못하는, 태흥리 모자母子 쌍묘雙墓
1948년 무자년 한 가족 몰살사를 누가 알까
하늘과 바람, 나무와 풀잎만이
무덤 속에서 울고 있는 그들을 기억할까

와산리 종남밭엔 아직도

망각하므로 사는 것이라 누가 말하나
망각하면 또다시 죽는 것이라고, 와산리 종남밭
체온 식어버린 집터는 침묵으로 말한다

그 날의 다정했던 목소리들
바람결에 두런거리며 다가올 것만 같은데
피를 먹고 검푸르게 자란 마을길과
올렛길의 무성한 삼나무 대나무 좋가시나무들
그 숲자왈만 무자년 동짓달 열 여드렛날
토벌대의 학살과 불타버린 마을을 기억한다

깨어진 그릇들아, 집이었음을 쓸쓸히 기억하는 돌집들아
빗물로 질퍽거리는 쇠막과 통시들아, 그들은 어디 갔나
오솔길을 사이에 두고
이 물은 사람이 먹던 물, 저 물은 마소가 먹던 물,
사람과 짐승 의좋게 곱갈라 마시던 봉천우물만이
산으로 바다로 피신하다 죽음의 벼랑으로 떠밀린
무지렁이 테우리들의 거칠고 따스한 손길을 기다린다

유채꽃

눈물부터 앞세워 4월을 적시는구나

가시밭길 헤맸던 님들 이맘때 되살아나

오늘은 어디로 갈까, 망설이는 봄날

꽃 냄새 피 냄새 풍기며 절뚝거리며

깔깔깔 웃다 머리 풀고

돌담 아래 쓰러지던 누이들아

그는 누구인가

머릿속 하얗게 빈 날
홀연 한 줄기 바람 스치듯
흐릿한 형체 하나 떠오른다
맑은 날이면 자취도 없이 사라졌다
흐린 날 어김없이 나타나
말할 듯 말할 듯 눈물만 흘리는

새벽 네 시, 가장 조용한 시간
머리맡에 선뜩 바람 한 줄기 불고
오늘도 누군가 내 눈꺼풀을 들춘다
비몽사몽의 그믓에 발 딛고
목 잘린 채 수없이 총탄 맞아
걸레처럼 헤진 몸만 보이는

아 누구인가, 어떤 피울음이
서늘한 바람 흐릿한 자취로 오는가
두려움에 떨며 깨어나지 못하는 나를
자꾸만 일어나라 재촉하는

분출을 꿈꾸는 마그마

김동윤(문학평론가, 제주대학교 교수)

1. 그대는 성산포를 아는가

제주섬의 동쪽 끝 마을 성산포. 성처럼 생긴 오름 성산(城山 ; 흔히 일출봉으로 불림)이 검푸른 바다 가운데 커다란 분화구를 안고 솟아오른 그곳에 가면, 대부분의 사람들은 일렁이는 물결마냥 좀처럼 감정을 주체하지 못한다. 그래서 비경에 취하고 낭만에 취하여, 기어코 바다가 술에 취해 드러눕는다는 시구를 읊조리는 취객이 되고 만다. 김석교 시인은 그런 성산포에서 나고 자랐다. 그런데 그가 그려내는 성산포는 괜히 멜랑콜리해지는 낭만의 땅이 아니다.

성산포는 바다가 술에 취해 드러눕는
나약한 곳 아니다 태평양을 건너온 파도
마지막으로 크게 울고 잠드는 곳이다

철근 휘어잡아 우그러뜨리는 곳이다

(…)

성산포는 팔뚝에 문신 새긴 격렬한 사내들

술도 됫술로 마시는 고장이다

순정 바쳐 사랑하는 바다에 나가

한 달씩 살다 문득 과자봉지 들고 귀가하는

사람들이 사는 곳이다

—「성산포 행」 부분

'나약한 곳 아니다'(!)라고 시인은 성산포의 자존심을 세운다. 사람 사는 세상임을 그는 강조하고 싶어 한다. 10년 전 첫 시집에서부터 "성산포여 낭만의 시대는 이미 갔다"(「태풍, 성산포를 나오며」)고 선언한 그였다. 성산포는 김석교의 모태요, 김석교 시의 원천이다. 그의 존재도 사랑도 현실 인식도 모두 거기에서 비롯되었다. 직접 성산포를 노래한 작품은 많지 않지만, 그의 시는 성산포에서 비롯되어 성산포로 수렴된다고 할 수 있다. 성산포를 축으로 한 원심력과 구심력의 긴밀한 상호작용의 산물로 그의 시 세계가 이해된다는 것이다. 김석교 시인 특유의 '우주적 상상력'은 거기에서 생성되었으니, 성산포를 알면 김석교 시인이 보이고, 김석교의 시를 가슴으로 접하면 성산포를 체득하게 되리라고 본다.

2. 열병은 어떻게 치유되나

평소의 김석교 시인은 퍽 조용한 사람이지만, 실은 늘 꿈틀대고 있다. 그의 내면은 뜨겁게 요동치며 분출의 순간을 호시탐탐 노리고 있다. 땅속 깊은 곳에 있는, 광물질이 녹아된 고온의 액체, 마그마가 그의 저변을 흐르고 있다.

오직 사랑의 힘으로
한 우주를 창조했다

내가 어느 암흑별에 부딪혀
빛이 꺼져가는 동안에도
껍질뿐인 몸을 태워
다시 촛불을 켜 주시는

—「어머니」 부분

어머니는 누구에게나 존재의 원형이다. 김석교 시인의 우주적 상상력도 바로 어머니에서 비롯됨을 감지할 수 있다. 그는 그런 어머니의 자궁으로 되돌아가기를 꿈꾼다. 나아가 성산포의 분화구 속 혹은 고향 성산포의 품으로 되돌아가려 한다. 요나 콤플렉스(Jonah complex)의 발현인 셈이다. 고래 뱃속으로 들어가는 이 몽상은 자기 자신의 깊은 곳으로 들어가는, 즉 무의식 속으로 내려가는 이미지다. 다시 새로운 생명으로 태어나고자 하는 무의식의 욕망인 것이다.

그래서일까. 김석교는 열병을 자주 앓는 것 같다. 그는 열병에 시달리면서도 열병을 갈구하며 산다. 신열이 없으면 왠지 "갈 길 잃고 헤" 매게 되고, 독감에 걸릴 듯하면 "드디어" 하고 그는 반긴다(「반가운 독감」). 독감은 물론 그에게는 열병의 다른 이름이다. 그러기에 어쩌면 그 열병이야말로 시인에게는 숙명적이면서 생래적인 현상인지도 모른다.

이슬에 젖어 돌아오는 길
달빛 아래 깃 푸는 새들
물메 대숲길 뿌리째 사라지고
잠든 저수지엔 영혼의 두런거림만

— 「불면 시」 부분

열병으로 인해 그는 쉽게 잠들지 못한다. 잠들지 못하여 그는 오히려 행복하다. 불면을 핑계로 밤길을 혼자서 정처없이 거닐 수 있고 거기서 영혼과의 대화도 가능하기 때문이다. 불면은 방황을 낳고 방황은 새로운 시간을 창조하면서 시를 잉태한다. 아내로부터 "넋 들이러 가자고 채근"(「불면 시」) 받을 정도로 그의 열병으로 인한 불면과 방황은 생활인으로서는 심각하다. 하지만 그것이 그를 시인이게 하는 원천이다. "절대고독의 종착역" 에서 "완벽히 외롭" 기를 꿈꾸면서(「바다로 가는 기차」), 그의 시는 점점 심연(深淵)으로 빠져든다.

칠월에 때 이른 가을벌레 울음
해무海霧 걷어내며 별 하나
밤무대로 걸어 나온다

낮에 풀을 벴는지
밭둑엔 아직 풀 비린내
솔숲 사이 먼 바다
천천히 가로질러 가는 선등船燈 하나

노란 가로등 아래
휘파람을 분다
자꾸 헛파람이 나온다

누린 만큼 비워가야 할 나이
발바닥이 뜨겁다

—「휘파람」 부분

늘 꿈틀거리기에 시인은 머물러 있지 못한다. 낮이고 밤이고, 여름이고 겨울이고 전전한다. 물론 거의 혼자서다. 위의 작품에서 그는 여름날 혼자서 밤길을 걷는다. 해무를

걷어낸 별도 혼자서 걷는다. 먼 바다의 선등도 하나다. 그렇게 그가 방황하고 배회하는 길에 펼쳐지는 무대는 그의 우주다. 별이 하늘에서, 배가 바다에서 자유롭듯이, 그는 우주에서 유영(遊泳)을 꿈꾼다. 그것이 곧 그의 시다.

우리는 이 시집에 자주 나타나는 제재로 새를 주목할 수 있다. 김석교 시인은 "점찍듯 창공을 말없이 소요"(「해바라기의 노래」)하는 새들을 보며 상념에 잠기다가, "오늘은 날던 새도 안 보인다"(「만리장성」)고 아쉬워한다. "장끼 한 마리 날아가"(「홀로 세상에서」)는 모습에 빠져드는가 하면 "연기처럼 철새들이 날아간"(「여로」)다고 안타까워 하다가 "철새들의 장울음"(「바다로 가는 기차」)을 가슴으로 듣는다.

그렇게 시인은 새가 되고 싶어 한다. 일상에서 탈출하여 그 어디에도 구속되지 않는 자유로운 비행을 언제나 꿈꾼다. 정처 없이 헤매기도 하고 마음 내키는 대로 슬슬 거닐기도 하는 것은 새가 되고 싶기 때문이다. 그렇다면 방황과 소요의 끝은 어디일까. 그 종착지가 있기는 한 걸까.

붉동백 힘없이 목 부러지는 밤
파도는 잠들지 못하고 하얗게 느껴 운다

새봄이 가까워지면서
산자락 아래로 낮게 떠 흐르는
철새들의 소리 없는 변주곡

드라이아이스처럼 밑으로만 깔리는 안개
그들의 지친 여행이 끝나고 있다

나도 어딘가에 내려앉아
푸근히 깃털을 고르고 싶다

—「여로」 부분

새가 결국 그러하듯 시인도 종내는 안착을 꿈꾼다. 그가 지친 여행을 끝내고 어딘가에 안착하여 '푸근히 깃털을 고르고 싶다' 는 것은 무엇을 말할까. 그것은 영원한 안식의 세계, 곧 죽음으로 통한다. 붉은 동백꽃이 꽃잎들을 모두 보듬고서 통째로 툭 떨어지듯이 담백하게 스러지기를 시인은 꿈꾼다. 그렇게 스러지는 것은 끝마침이 아니라 다시 태어나는 것, 영원히 사는 것, 완벽한 자유 속에 영원토록 존재하는 것이다.

"삶이 그렇게 본능을 따라 옮겨질 수만 있다면"(「벌레처럼」) 하고 그는 자유로운 삶을 희구하는 가운데 자연의 일부로 돌아가는 길을 준비하고 있다. "석달 열흘씩 두 계절만/ 밀린 잠 자고 싶"(「꽃노래」)다거나, "영영/ 눈감고 싶은 아침"(「마음의 소리를 듣는 법」)을 맞으면서 "닿을 곳을 찾지 못하고/ 되돌아오는"(「달빛 바다」) 길을 나선다. 시인에게 삶과 죽음은 아주 가까이에 있다. '개와 늑대의 시간' 과 같은 존재라고 할까. 시인은 "그 순간에는 가끔 내 운명이 보이기도 하"(「개와 늑대의 시간」)더라고 고백한다.

시인은 겸허한 죽음을 준비하면서 삶의 방향을 다지는 자세를 견지한다. 눈 내린 아침 길바닥에 떨어진 동박새가 지나던 차바퀴에 깔리는 것을 보면서 그는 "어느 날엔 나도 저렇게/날개를 접어야 할 것"이라고 생각한다. 그리고 동백 우듬지를 올려다보며 "착하게 살아야겠다"고 다짐한다(「떨어진 동박새」). 그런 그에게 바람은 "지나가면서 (…)/ 왜 사느냐고" 묻는다. 그는 선언하듯이 답한다. "나는 앞으로 더욱 흔들릴 것이다"(「5월 어느 날」). 그만큼 그의 흔들림은 운명적이다.

3. 사랑은 우주적으로 하는 것이다

김석교 시인의 우주적 상상력은 사랑의 방식에도 오롯이 적용된다. 그는 천지사방과 고금왕래를 망라하는 우주적 사랑을 꿈꾼다. 그래서 그의 세계에서 사랑의 깊이는 거의 무한하다.

내 두근거림의 유효기간은 아마
중생대 이후 켜켜이 쌓인 지층만큼일 거야
언제든 불러내 주기만 하면
일만 년쯤 타오를 준비가 된 것 마냥

내 심장의 붉은 쇳물
달궈진 채 손끝까지 흘러내리면
수평선의 사랑, 저녁놀의 별리도
순식간 불꽃 일어 사그리 태우고 말 거야

내 심장은 나의 손에게 지시한다
구엄리 바다 시퍼런 정맥으로
그대를 친친 휘감아
한 오억 년 동안 사랑만 하라고

핏줄 속에서 누군가가 날 부른다
나도 핏줄로 그대를 부른다

—「구엄리 바다」 전문

'중생대 이후 켜켜이 쌓인 지층만큼' 두근거리고, '일만 년 쯤 타오를' 열정으로 '한 오억 년 동안 사랑만 하' 고 싶다니, 경이롭고 충격적이다. 짜릿한 전율이 인다. 즉석 만남이니 엔조이니 하는 되어먹지 않은 유희들이 사랑이라는 이름으로 치장되고, 미처 상대를 인간으로 이해할 겨를도 없이 뜨겁게 달아올랐다가 금방 식어져 버리는 냄비 같은 행각, 잘 나갈 때는 당신 없이 못 산다고 갖은 정성 다 보이다가 곤경에 처하거나 추락할 때면 여지없이 돌아서버리는 매정함이 난무하는 비루하고 천박한 오늘의 세태에서, 시인이 추구하는 사랑은 얼마나 위대한가.

달과 지구의
애틋한 그리움으로
파도는 인다
(…)

피 토하는 인광燐光으로
너의 그리움을 살해하며
온 대양이
일렁이는 것도
한 사내가 밤새
바닷가의 달빛에 젖는 것도

닿을 곳을 찾지 못하고
되돌아오는
그리움 때문이리

—「달빛 바다」 부분

우주 공간에서 서로 갈망하는 사랑, 지극한 간절함은 대양을 밀물과 썰물로 출렁이게 한다. 그러한 지구와 달의 사랑은 45억 년 동안 한 순간도 쉬지 않고 계속되고 있다. 사랑은 또한 "수십만 년 후/ 가슴 새카맣게 탄 채/ 원유이거나 원탄이거나 그 무엇"(「내 안의 탄광」)이다. "사랑은/ 핵분열은 무서웠"(「9월에」)다고도 그는 말한다.

이렇게 볼 때 김석교의 시에서 사랑은 오랜 기간 축적되어야 비로소 생성되는 광물의 이미지가 두드러지다고 할 수 있다. 우주적 상상력과 광물 이미지로 말하는 시 세계는 자칫하면 관념적이거나 추상적일 수도 있지만, 그의 경우에는 오히려 절절하게 다가온다. "활짝 핀 꽃을 보면 길고 긴 섹스를" "열렬히 열렬히 (…) 하고 싶어진다"는 고백에 이르면(「활짝 핀 꽃을 보면 섹스를 하고 싶다」), 그것이 쉽게 확인된다. 대자연과 하나가 되어 뜨겁게 교접하기를 열망하는 그에게서 일원론적 세계 인식을 통한 원초적 사랑을 짜릿하게 느끼게 된다.

그의 시 곳곳에서 대자연의 이미지가 격정적으로 발현된다. 파도가 달려오는 것은 "와락/ 우리를 안고 싶"기 때문이라고 그는 인식한다. 파도가 해안으로 달려와 몸을 날려 부서지는 것처럼 "온몸으로 사랑하고 싶은 것이"니(「파도」), 통 크고 열정적이어서 더욱 아름다운 사랑이다. "자꾸만 긴 산맥을 넘"어 광야를 질주하거나(「가을 편지」), "철로도 없는데/ 불을 끈 기차가 시간 속을 달리고 있"음을 보는 것(「가을 시화전」)도 그가 꿈꾸는 사랑의 방식이다.

그의 사랑은 또한 은근하고 깊숙하게 스며든다. 대자연의 섭리에 결부시키는 방식은 격정적으로 표현하거나 은근하게 드러내거나 시종여일하다.

샤워기 틀어 물 온도 맞추듯
나를 그대의 온도에 맞추고 싶다
찬물 한 방울에도 소스라치는 세포처럼
가을의 원형질이 눈 뜨는 저녁
북쪽으로부터 발갛게 숲이 물들다

—「연애」 전문

가을 단풍 같은 연애는 단풍 빛깔보다 훨씬 아름답다. 김석교 시인의 방식으로 표현하자면, 하늘과 산이 서로에 대한 그리움이 절실하여 단풍이 발갛게 물든 것이다. 서로가 점차 온도를 맞추어가고 시나브로 서로에게 물들어가는 게 바로 연애다. 그래야만 진정한 연인이 되는 것이 시인의 메시지다. 연애란 바로 이런 거야, 그래서 연애는 아름다운 것이지! 절로 무릎을 치게 하는 절묘한 상상력의 작품이다.

4. 자꾸만 일어나라 재촉한다

시퍼런 거웃도 무성해라

바람 한 점 없는 맑은 겨울날

대지에 실팍지게 뿌리박고

꿈꾸듯 용쓰듯 살을 키우는

조선무, 발기한 자지들

—「무밭에서」 전문

겨울날의 한적한 무밭을 이렇게 역동적인 현장으로 그려낸 경우를 나는 일찍이 본 적이 없다. '발기한 자지들'로 표현된 무밭이 무척이나 싱그럽다. 그리고 건강함이 넘쳐 생산적이다. 시인의 민중지향성이 아주 잘 드러난 작품이다. 민중지향성이란 면에서는 「식은밥 형님」도 함께 읽어 보아야 할 시편이다. "웅푸쉬 웅푸쉬 어깻심으로 기계 돌리던/ 커다란 뚝심"의 충헌 형님은 "사는 일 부끄럽고 어려울 때" 마다 일깨움을 주는 존재다.

시인은 이러한 민중지향성을 바탕으로 사회적 발언을 도모한다. 김석교의 현실인식은 체제와 이념에 관한 것에서부터 현대사와 현실정치, 생활현장에 이르기까지 꽤나 폭넓다.

뼈 빠지게 일해도 빚뿐
앞집 엄마는 집을 나갔다
어린 딸 셋, 흙밖에 모르는 남편

멀리 가지도 못하는 여자
딸들의 눈물에 못 이겨
동생 집에서 닷새 만에 돌아왔다

남편과 노래방에 갔다
난생 처음 정장을 하고
팔짱을 끼고, 맥주를 마시고

—「농군의 아내」 전문

감귤농사 등으로 한동안 풍요를 누리던 제주섬의 농촌은 농산물 수입개방의 영향을 강하게 받으면서 1990년대 이후로 매우 힘들어졌다. 여성들은 더욱 버티기 힘들었다. 그래서 어린 아이들을 두고 집을 나가는 엄마들도 있다. 인용 작품에서 농군의 아내는 닷새 만에 돌아와 다시 마음을 다잡았으니 그나마 다행이다. 「낫 놓고 기역자」, 「해녀의 죽음」 등에서도 제주여성들의 고단한 삶을 형상화한다. 「스프링호텔 근처」에서는 "가랑이 터진 내복의 아이"에게 젖을 물리는 "소녀 같은 엄마"의 안타까운 처지를 포착함으로써 중국 사회주의의 두 얼굴을 비판적으로 드러내고, 「동대문쯤」에서는 외국인 노동자로 보이는 "아프리칸, 아프로 아메리칸, 혹 동남아 사람들"에게 시선을 보낸다.

그의 현실인식은 제주4·3에 관한 작품들에서 더욱 빛난다. 4·3에 대한 그의 입장은 내부의 적을 경계하면서 현실에서의 지속성에 주목하자는 것이다.

대통령이 국가권력의 잘못에 대해 공식 사과한 후에도 역사의 물줄기를 거스르려는 세력들이 도처에 있다. "토벌대의 총에 부모친척 처형당하고 조부 슬하에서 자랐어도 보수꼴통으로 성공한" 사람이 얼마든지 있다. "국가폭력은 덮어두고 화해하자"고 하는 "미친놈"이 분명히 있다. "학살당한 부모친척과 양민들을 그가 또 학살하고 있"고 "살아남은 자의 가슴에 꽝꽝 대못질을 하고 있"는 것이 엄연한 현실이다(「그 자신만 모를 것이다」).

따라서 시인은 까마귀가 세찬 바람을 맞으며 "떠나지 않고 울고만 있는" 4·3평화공원 위패봉안실의 신위들에 주목하면서 "아직 용서도 해원도 멀기만 하구나" 하고 탄식한다(「돌무덤」). "농사짓고 고기 잡던 북촌마을 사백 마흔 셋의 목숨"이 희생된 현장에 60년 만에 세워진 원혼위령비 앞에서 유족들과 함께 "향을 살라 통곡의 술잔 올리"(「북촌리여 북촌리여」)면서 입술을 앙다문다.

봄꽃들 앞 다투며 피는 이 4월에
죽음의 그림자 서성거리는 선흘곶에 오면
새들의 지저귐도 피 토하는 울부짖음이지
가지마다 움트는 생명의 붓순도 총알로 보이지

죽은 자들 말이 없고 죽인 자들만 미쳐 날뛰는
이 4월, 선흘곶에만 오면 목시물굴에만 오면
그 날의 생지옥이 나를 휘감아 나는 그만 미쳐버리겠다

—「선흘곶 캄캄한 굴 속」 부분

조천읍 선흘리의 목시물굴은 좁은 굴속에 노약자를 포함한 수십 명이 숨어 있다가 1948년 11월 25일 토벌대에 의해 몰살당한 장소다. 그곳은 기어서 들어가야 하고 허리를 제대로 펼 만한 공간이 거의 없는 악조건의 은신처였다. 그 속에 들어가 본 시인은 미쳐버릴 지경으로 4·3의 생채기에 부르르 치를 떤다.

"백십 명의 목숨들, 집과 가축들/ 모두 아작나버"린 오등리 죽성마을은 지금 "죽성제재소 간판만 처량히 겨울비에 젖"을 뿐이다(「오등리 죽성마을 지나며」). "어머니 묘 하나에 네 오누이 합장묘 하나"인 태흥리 모자 쌍묘는 "과수원 옆에 덩그라니" 자리 잡아 있다(「태흥리 모자 쌍묘 앞에서」). 와산리 종남밭에는 "체온 식어버린 집터"와 "피를 먹고 검푸르게 자란 마을길과/ 올렛길의 무성한 삼나무 대나무 종가시나무들"만이 남아 있다(「와산리 종남밭엔 아직도」). 섬 곳곳이 4·3의 흔적이 서린 현장임을 그는 여실히 보여준다.

무자년의 섬사람들은 "저쪽 길로 가지 않고 이쪽 길로 들어와/ 개떼 따돌리며" 산길을 걸음으로써 목숨을 보전하였다. 섬사람들의 그런 운신은 그때로 끝난 것이 아니었다.

계속되는 '사냥'에 다시 움츠러들어야 할 지경이 되었다. "개와 쥐들이 설쳐대는 평화와 인정의 섬/ 피 냄새 가시지 않은 신들의 고향"에서 그들은 "다시 몸을 숨긴다"(「다시 몸을 숨기다」). 세계평화의 섬이라고 호들갑스럽게 공표하고서도 해군기지 건설을 강행하는 반 평화적인 대한민국 정부와 제주특별자치도정을 질타한다.

민들레 씨앗 날리는 봄날
객지 떠돌다 죽어 풀밭 위에 누운 한 혼령에게
나는 잘 가시라고 세 번 절했다
누가 알았으랴 서북청년단원이었던 그 고인
서청단원에게 죽은 할머니의 손자가
오십 년 지나 얼굴도 모르는 그에게 명복 빌 줄을
(…)

성하르방 거친 바다 고기밥으로 내주고
홀로 삼남 일녀 키운 우리 할망
그 큰아들의 작은 손 장성하여
당신 쏘았을지도 모를 어느 서청단원에게
잘 가시라 절하며
향료값 올려놓고
민들레처럼 다시 피어나시라 축원할 때

—「문상」 부분

"서라고 외쳐도 못 알아듣는" 할머니는 무자년 섣달 성산포 터진목에서 서청단원에게 죽고, 그 50년 후 장성한 손자는 서청단원의 죽음에 명복을 빈다. 이러한 기구한 인연은 제주섬 곳곳에 존재한다. 하지만 구체적인 진상에 대해서는 "세상이 바뀌어도 말해주지 않"는다. 그것이 4·3의 실상이라고 시인은 역설한다. 시인은 "기억할까", "누가 알까"(「태흥리 모자 쌍묘 앞에서」) 하는 물음을 던지면서 "자꾸만 일어나라 재촉"(「그는 누구인가」)한다. 4·3은 60년이 지난 지금까지 여전한 현재진행형인 것이다. 김석교 시인은 우리에게 그것을 분명히 인식시키고 있다.

5. 다시 성산포로 가자

김석교 시인에게 성산포는 구체적인 현실이요 어머니다. 그야말로 시인의 작은 우주인 셈이다. 「성산포 봄소식」, 「성산포 유채꽃」에서는 물론이요, 다음 작품에서 더욱 뚜렷이 그것이 확인된다.

> 황량한 검은 바다가 부르고 있었네
> 포효하는 흰 파도 소리치고 있었네
> 언덕 위 자꾸만 쓰러지는 풀잎들이

바람결에 끝없이 손짓하는 겨울날

억겁세월에도 가라앉지 않을 청산이
구름에 가린 얼굴 드러내며
아들아 이제 그만 떠돌라,
어서 달려와 안기라,
나를 타이르고 있었네

—「다시 성산포 행」 부분

성산포의 아름다운 오름 성산(城山)은 작은 화산이다. 사람들은 더 이상 분출하지 않을 사화산(死火山)이라고 한다. 그러나 이 시집을 읽은 이들은 앞으로 다른 생각을 하게 될지 모른다. 김석교 시인이 그 아래의 깊디깊은 어디쯤에서 분출하기 위해 마그마처럼 꿈틀거리고 있을 것 같다는 생각 말이다.